3-bande carambole: Zig-zag mønstre

Fra professionelle mesterskabsturneringer

Test dig selv mod professionelle spillere

Allan P. Sand
PBIA/ACS Certificeret billard instruktør

ISBN 978-1-62505-259-9
PRINT 7x10

ISBN 978-1-62505-402-9
PRINT 8.5x11

First edition

Copyright © 2019 Allan P. Sand

All rights reserved under International and Pan-American Copyright Conventions.

Published by Billiard Gods Productions.
Santa Clara, CA 95051
U.S.A.

For the latest information about books and videos, go to: http://www.billiardgods.com

Acknowledgements
Wei Chao created the software that was used to create these graphics.

Indholdsfortegnelse

Introduktion **1**
Om bordlayouterne 1
Indstillinger for tabelopsætning 2
Formål med layouterne 2
A: Mellembord zig-zag **3**
A: Gruppe 1 3
A: Gruppe 2 8
A: Gruppe 3 13
B: Miniature side til side zig-zag **18**
B: Gruppe 1 18
B: Gruppe 2 23
B: Gruppe 3 28
B: Gruppe 4 33
B: Gruppe 5 38
C: Halv bord zig zag **43**
C: Gruppe 1 43
C: Gruppe 2 48
C: Gruppe 3 53
C: Gruppe 4 58
D: 3/4 bord zig-zag **63**
D: Gruppe 1 63
D: Gruppe 2 68
D: Gruppe 3 73
E: Fuld bord zig-zag **78**
E: Gruppe 1 78
E: Gruppe 2 83
F: Lang bord zig-zag **88**
F: Gruppe 1 88
F: Gruppe 2 93
F: Gruppe 3 98
F: Gruppe 4 103
F: Gruppe 5 108

Other books by the author ...

- 3 Cushion Billiards Championship Shots (a series)
- Carom Billiards: Some Riddles & Puzzles
- Carom Billiards: MORE Riddles & Puzzles
- Why Pool Hustlers Win
- Table Map Library
- Safety Toolbox
- Cue Ball Control Cheat Sheets
- Advanced Cue Ball Control Self-Testing Program
- Drills & Exercises for Pool & Pocket Billiards
- The Art of War versus The Art of Pool
- The Psychology of Losing – Tricks, Traps & Sharks
- The Art of Team Coaching
- The Art of Personal Competition
- The Art of Politics & Campaigning
- The Art of Marketing & Promotion
- Kitchen God's Guide for Single Guys

Introduktion

Dette er en af en række 3-bande carambola bøger, der viser, hvordan professionelle spillere træffer beslutninger, baseret på bordlayoutet. Alle disse layouts er fra internationale konkurrencer.

Disse layouts sætter dig inde i afspillerens hoved, begyndende med boldens positioner (vist i den første tabel). Den anden tabel layout viser, hvad spilleren besluttede at gøre.

Om bordlayouterne

Hver konfiguration har to tabellayouter. Den første tabel er boldpositionerne. Den anden tabel er, hvordan boldene bevæger sig på bordet.

Dette er de tre bolde på bordet:

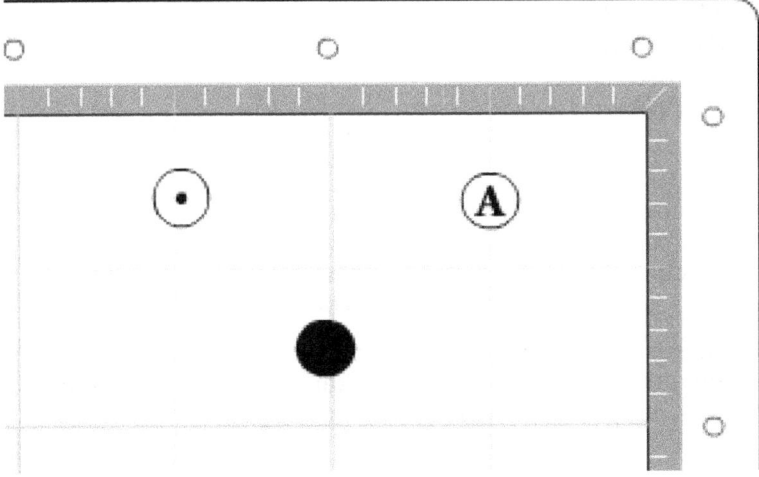

Ⓐ (CB) (din billardkugle)

⊙ (OB) (modstander billardkugle)

● (OB) (rød billardkugle)

Indstillinger for tabelopsætning

Brug papirbindingsringe til at markere boldpositionerne (køb hos enhver kontorforretning).

Placer en mønt på hver bande, at (CB) vil røre ved.

Sammenlign din (CB) -sti med den anden tabelkonfiguration. For at lære, kan du have brug for flere forsøg. Efter hvert svigt skal du foretage justering og prøve igen, indtil du har succes.

Formål med layouterne

Disse layouter leveres til to formal:

- Din analyse - I hjemmet kan du overveje, hvordan du spiller konfigurationen på den første tabel. Sammenlign dine ideer til det faktiske mønster på den anden bord. Tænk på din løsning, og overvej muligheder. Fra den anden tabel kan du også analysere, hvordan man følger mønsteret. Mentalt spiller skuddet og bestemmer, hvordan du kan lykkes.

- Øv bordkonfigurationen - Placer bolderne på plads i henhold til den første tabelkonfiguration. Prøv at skyde på samme måde som det andet bordmønster. Du kan have brug for mange forsøg, før du finder den rigtige måde at spille på. Sådan kan du lære og spille disse skud under konkurrencer og turneringer.

Kombinationen af mental analyse og praktisk praksis vil gøre dig til en smartere spiller.

A: Mellembord zig-zag

Den (CB) kommer ud af den første (OB) og går frem og tilbage på tværs. Dette er i midten af bordet.

Ⓐ (CB) (din billardkugle) – ☉ (OB) (modstander billardkugle) – ● (OB) (rød billardkugle)

A: Gruppe 1

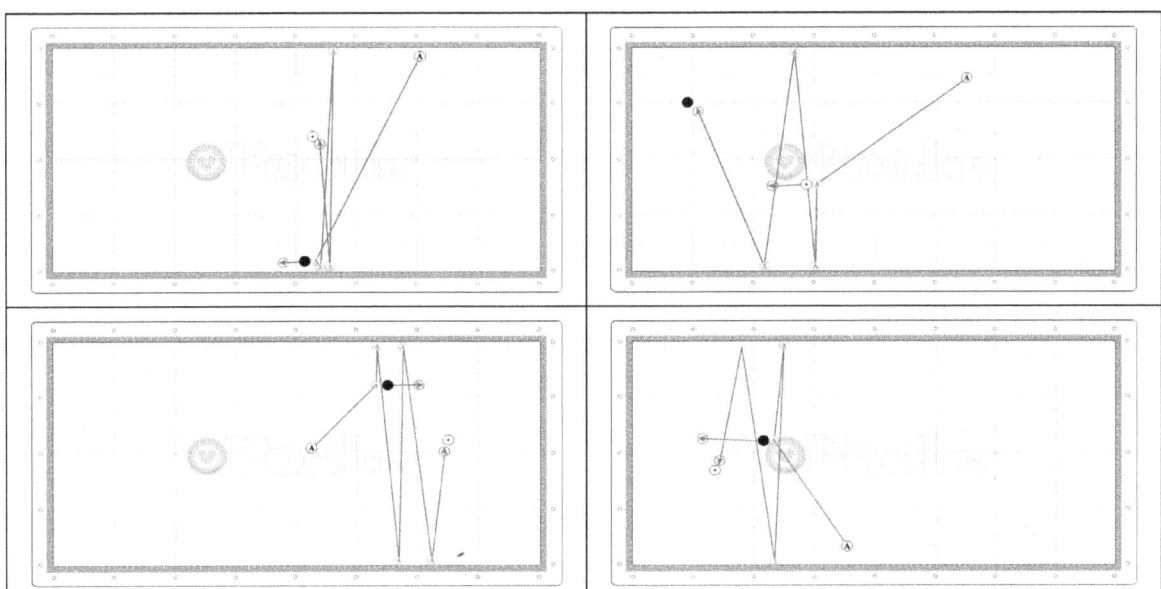

Analyse:

A:1a. _____

A:1b. _____

A:1c. _____

A:1d. _____

A:1a – Setup

Noter og ideer:

Afspilning mønster

A:1b – Setup

Noter og ideer:

Afspilning mønster

A:1c – Setup

Noter og ideer:

Afspilning mønster

A:1d – Setup

Noter og ideer:

Afspilning mønster

3-bande carambole: Zig-zag mønstre

A: Gruppe 2

Analyse:

A:2a. _____

A:2b. _____

A:2c. _____

A:2d. _____

A:2a – Setup

Noter og ideer:

Afspilning mønster

A:2b – Setup

Noter og ideer:

Afspilning mønster

A:2c – Setup

Noter og ideer:

Afspilning mønster

A:2d – Setup

Noter og ideer:

Afspilning mønster

A: Gruppe 3

Analyse:

A:3a. _____

A:3b. _____

A:3c. _____

A:3d. _____

A:3a – Setup

Noter og ideer:

Afspilning mønster

A:3b – Setup

Noter og ideer:

Afspilning mønster

A:3c – Setup

Noter og ideer:

Afspilning mønster

A:3d – Setup

Noter og ideer:

Afspilning mønster

B: Miniature side til side zig-zag

Den (CB) kommer ud af den første (OB) og går så frem og tilbage. Al denne aktivitet er i slutningen af bordområdet.

Ⓐ (CB) (din billardkugle) – ⊙ (OB) (modstander billardkugle) – ● (OB) (rød billardkugle)

B: Gruppe 1

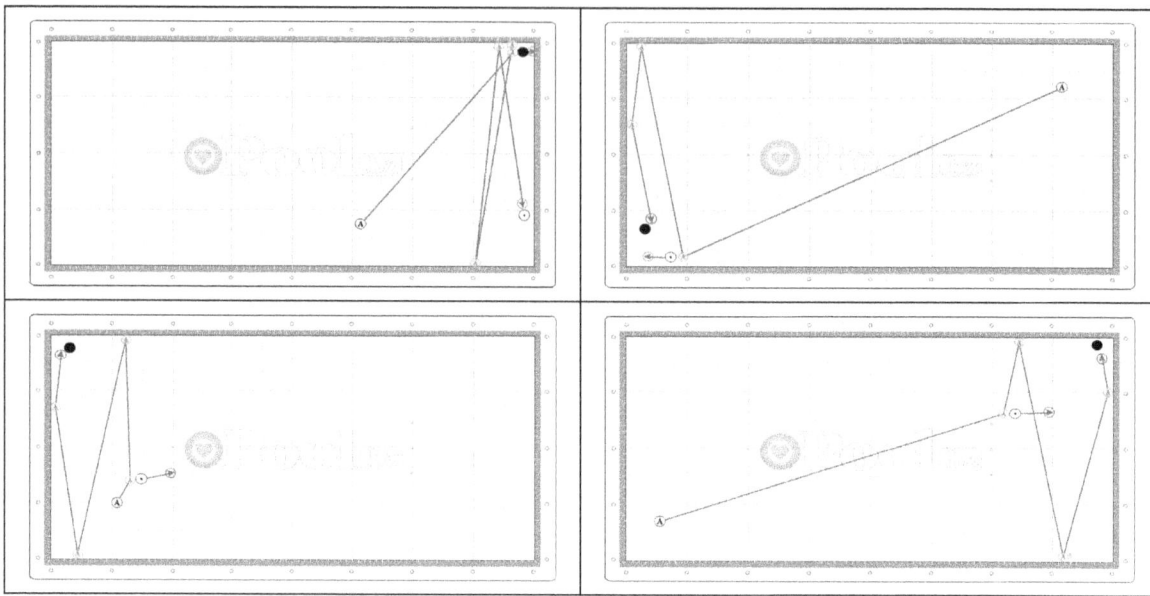

Analyse:

B:1a. _____

B:1b. _____

B:1c. _____

B:1d. _____

B:1a – Setup

Noter og ideer:

Afspilning mønster

B:1b – Setup

Noter og ideer:

Afspilning mønster

B:1c – Setup

Noter og ideer:

Afspilning mønster

B:1d – Setup

Noter og ideer:

Afspilning mønster

B: Gruppe 2

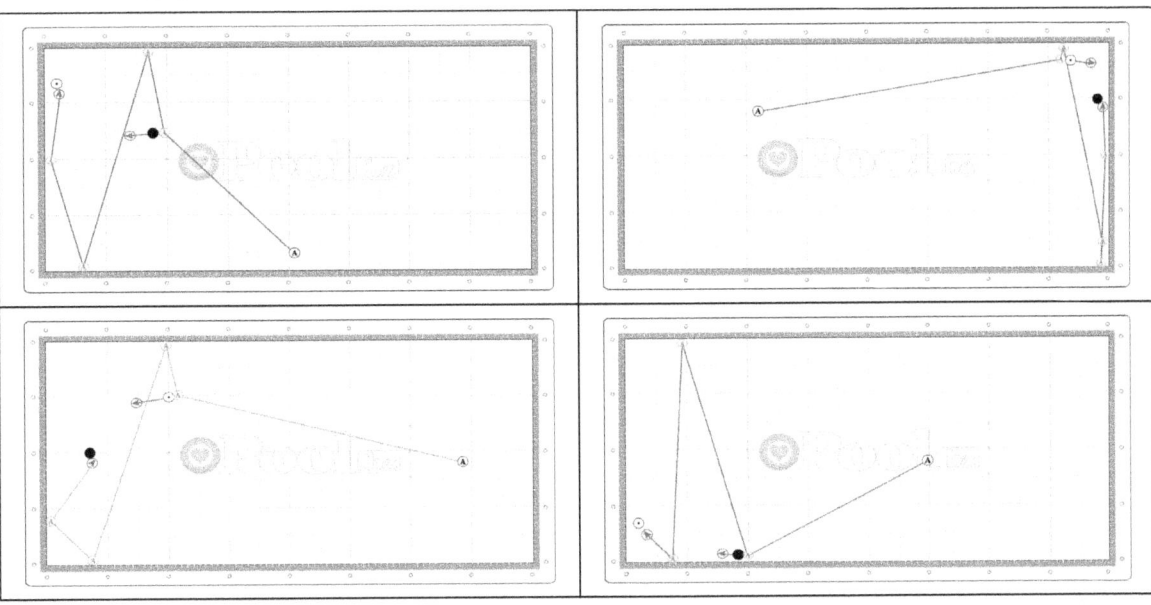

Analyse:

B:2a. _____

B:2b. _____

B:2c. _____

B:2d. _____

B:2a – Setup

Noter og ideer:

Afspilning mønster

B:2b – Setup

Noter og ideer:

Afspilning mønster

B:2c – Setup

Noter og ideer:

Afspilning mønster

B:2d – Setup

Noter og ideer:

Afspilning mønster

B: Gruppe 3

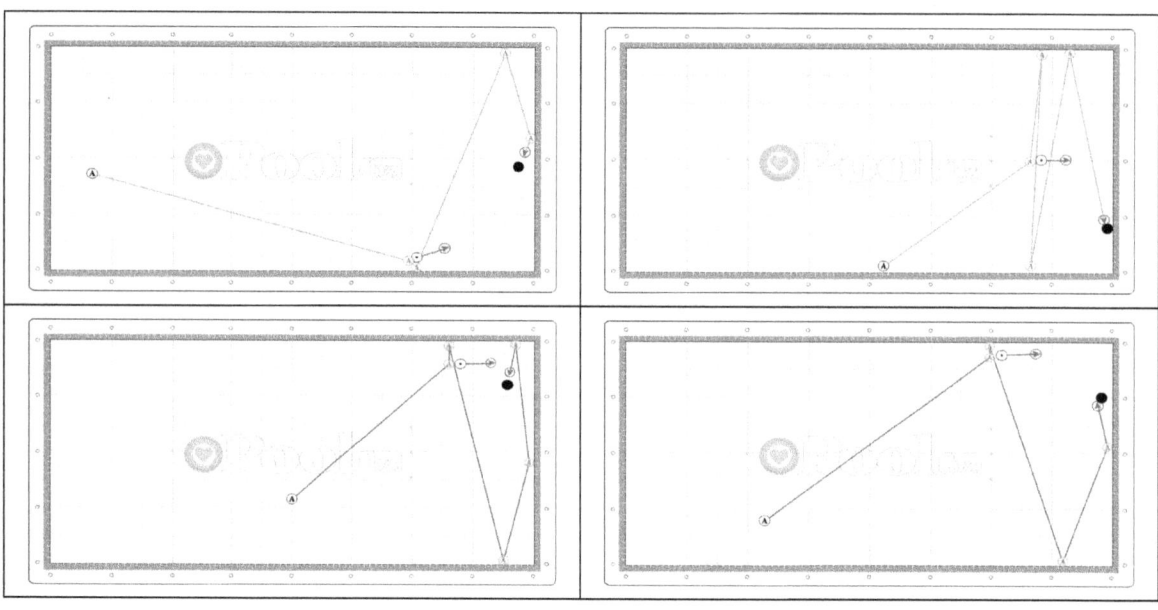

Analyse:

B:3a. _____

B:3b. _____

B:3c. _____

B:3d. _____

B:3a – Setup

Noter og ideer:

Afspilning mønster

B:3b – Setup

Noter og ideer:

Afspilning mønster

B:3c – Setup

Noter og ideer:

Afspilning mønster

B:3d – Setup

Noter og ideer:

Afspilning mønster

B: Gruppe 4

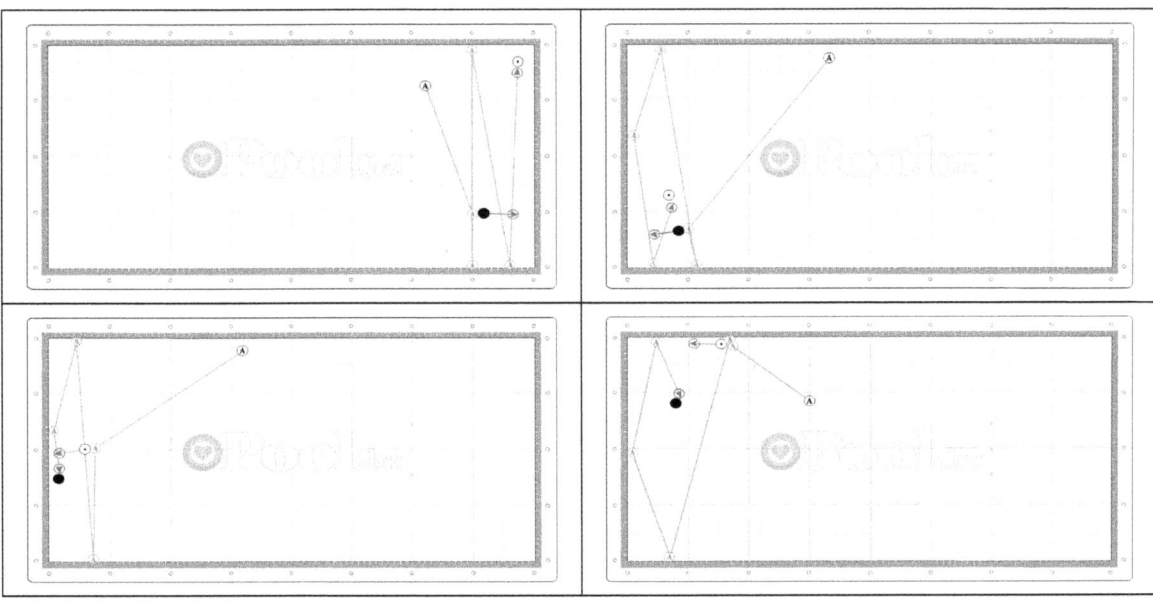

Analyse:

B:4a. _____

B:4b. _____

B:4c. _____

B:4d. _____

B:4a – Setup

Noter og ideer:

Afspilning mønster

B:4b – Setup

Noter og ideer:

Afspilning mønster

B:4c – Setup

Noter og ideer:

Afspilning mønster

B:4d – Setup

Noter og ideer:

Afspilning mønster

B: Gruppe 5

Analyse:

B:5a. _____

B:5b. _____

B:5c. _____

B:5d. _____

3-bande carambole: Zig-zag mønstre

B:5a – Setup

Noter og ideer:

Afspilning mønster

B:5b – Setup

Noter og ideer:

Afspilning mønster

B:5c – Setup

Noter og ideer:

Afspilning mønster

B:5d – Setup

Noter og ideer:

Afspilning mønster

C: Halv bord zig zag

Den (CB) rejser side om side inden for et halvbordsområde.

Ⓐ (CB) (din billardkugle) – ⊙ (OB) (modstander billardkugle) – ● (OB) (rød billardkugle)

C: Gruppe 1

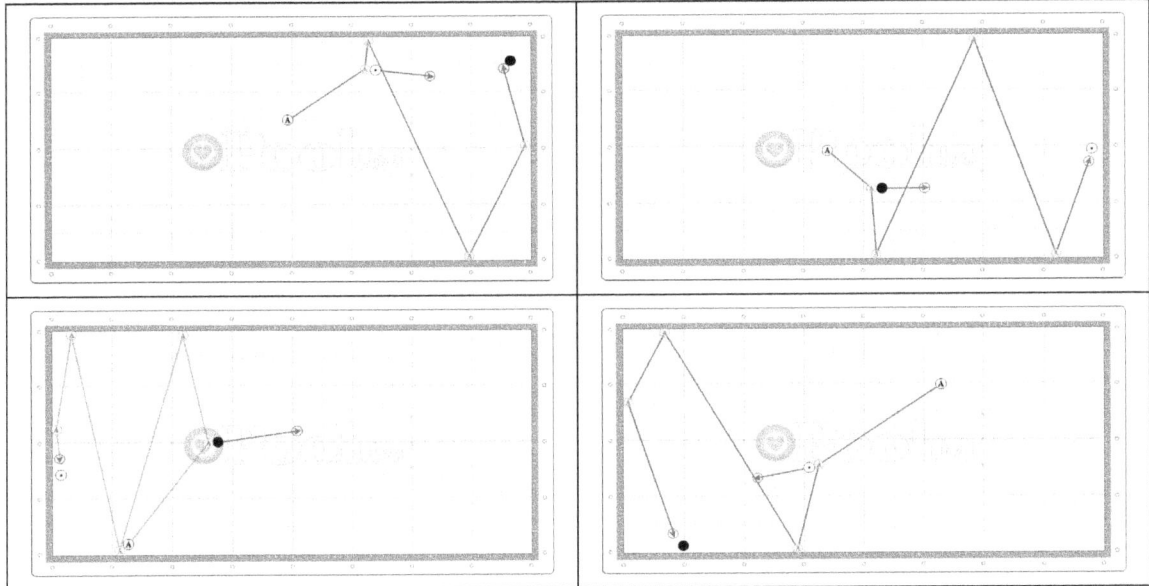

Analyse:

C:1a. _____

C:1b. _____

C:1c. _____

C:1d. _____

C:1a – Setup

Noter og ideer:

Afspilning mønster

C:1b – Setup

Noter og ideer:

Afspilning mønster

C:1c – Setup

Noter og ideer:

Afspilning mønster

C:1d – Setup

Noter og ideer:

Afspilning mønster

C: Gruppe 2

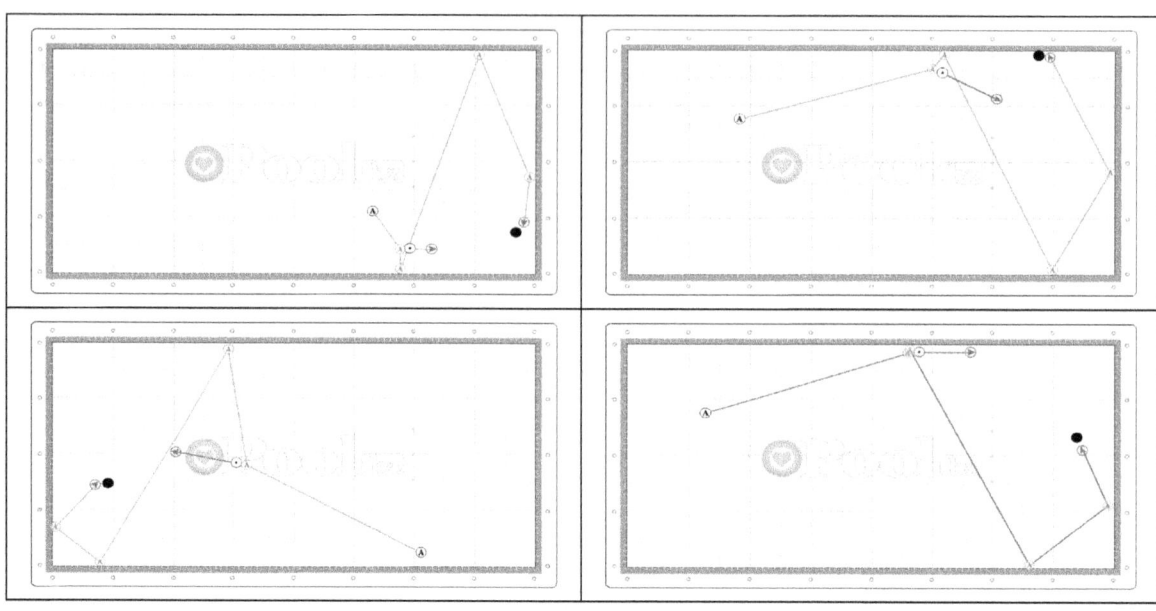

Analyse:

C:2a. _____

C:2b. _____

C:2c. _____

C:3d. _____

C:2a – Setup

Noter og ideer:

Afspilning mønster

C:2b – Setup

Noter og ideer:

Afspilning mønster

C:2c – Setup

Noter og ideer:

Afspilning mønster

C:2d – Setup

Noter og ideer:

Afspilning mønster

C: Gruppe 3

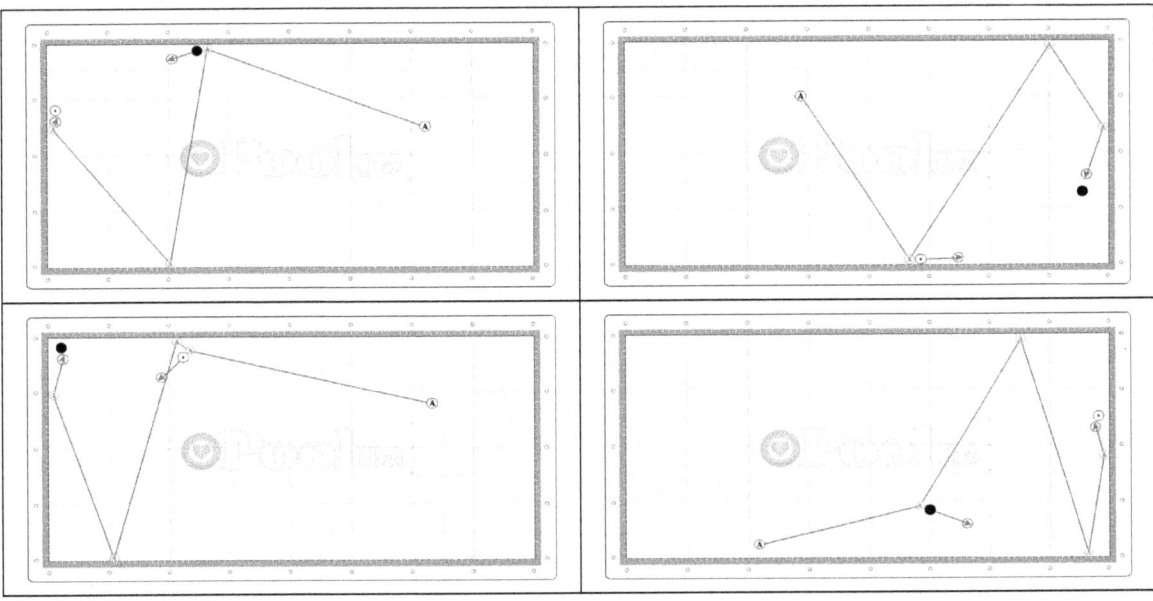

Analyse:

C:3a. _____

C:3b. _____

C:3c. _____

C:3d. _____

C:3a – Setup

Noter og ideer:

Afspilning mønster

C:3b – Setup

Noter og ideer:

Afspilning mønster

C:3c – Setup

Noter og ideer:

Afspilning mønster

3-bande carambole: Zig-zag mønstre

C:3d – Setup

Noter og ideer:

Afspilning mønster

C: Gruppe 4

Analyse:

C:4a. _____

C:4b. _____

C:4c. _____

C:4d. _____

C:4a – Setup

Noter og ideer:

Afspilning mønster

C:4b – Setup

Noter og ideer:

Afspilning mønster

C:4c – Setup

Noter og ideer:

Afspilning mønster

C:4d – Setup

Noter og ideer:

Afspilning mønster

D: 3/4 bord zig-zag

Disse (CB) rejser over tre fjerdedele af bordet.

Ⓐ (CB) (din billardkugle) – ⊙ (OB) (modstander billardkugle) – ● (OB) (rød billardkugle)

D: Gruppe 1

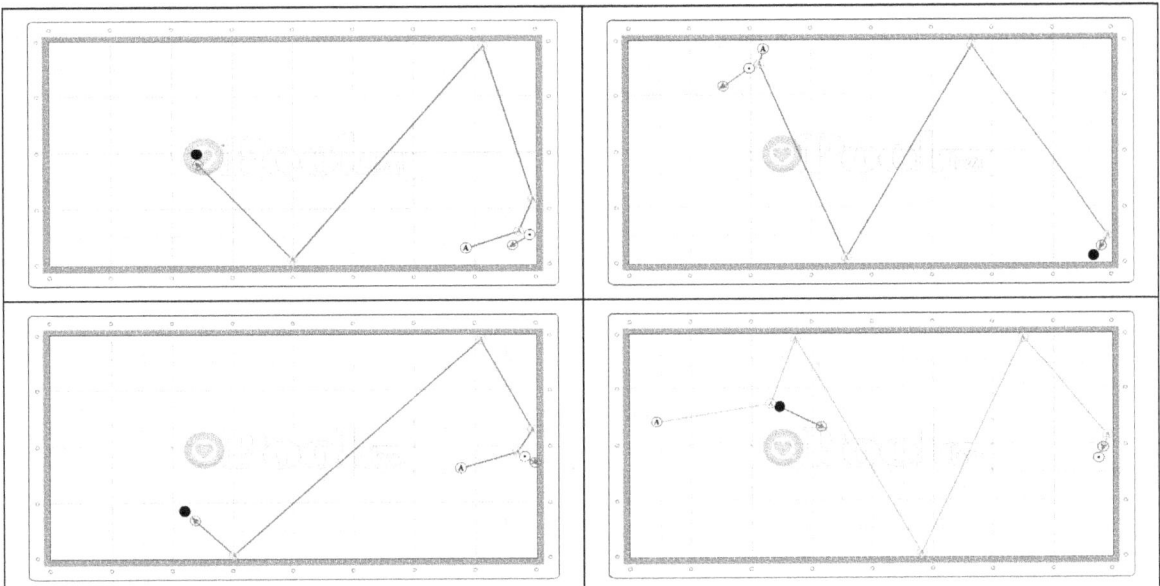

Analyse:

D:1a. _____

D:1b. _____

D:1c. _____

D:1d. _____

D:1a – Setup

Noter og ideer:

Afspilning mønster

D:1b – Setup

Noter og ideer:

Afspilning mønster

D:1c – Setup

Noter og ideer:

Afspilning mønster

D:1d – Setup

Noter og ideer:

Afspilning mønster

D: Gruppe 2

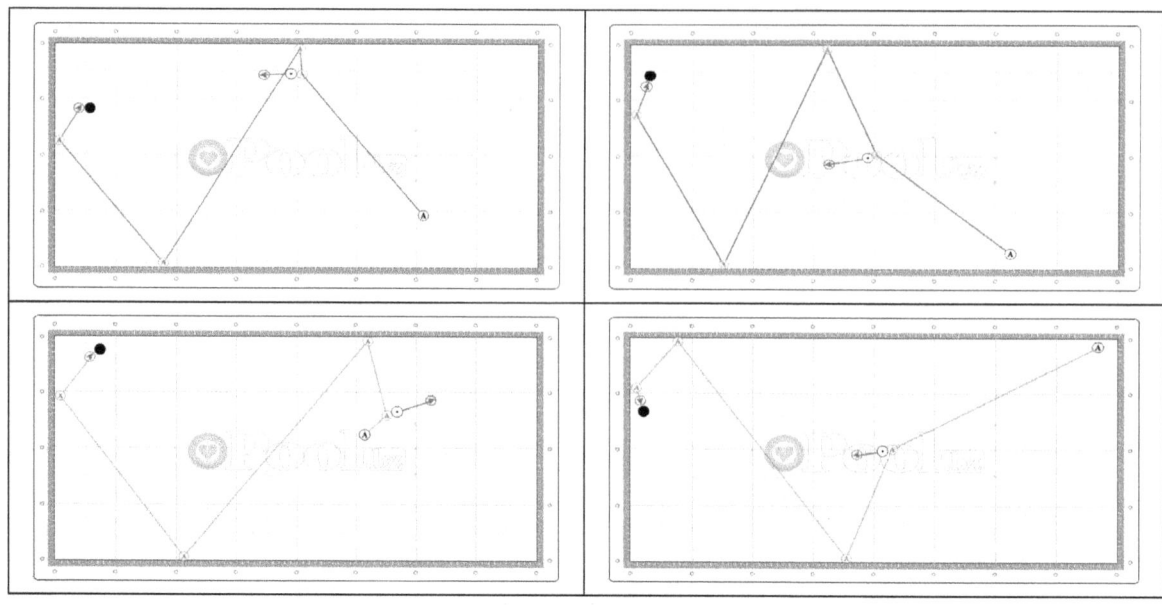

Analyse:

D:2a. _____

D:2b. _____

D:2c. _____

D:2d. _____

D:2a – Setup

Noter og ideer:

Afspilning mønster

D:2b – Setup

Noter og ideer:

Afspilning mønster

D:2c – Setup

Noter og ideer:

Afspilning mønster

D:2d – Setup

Noter og ideer:

Afspilning mønster

D: Gruppe 3

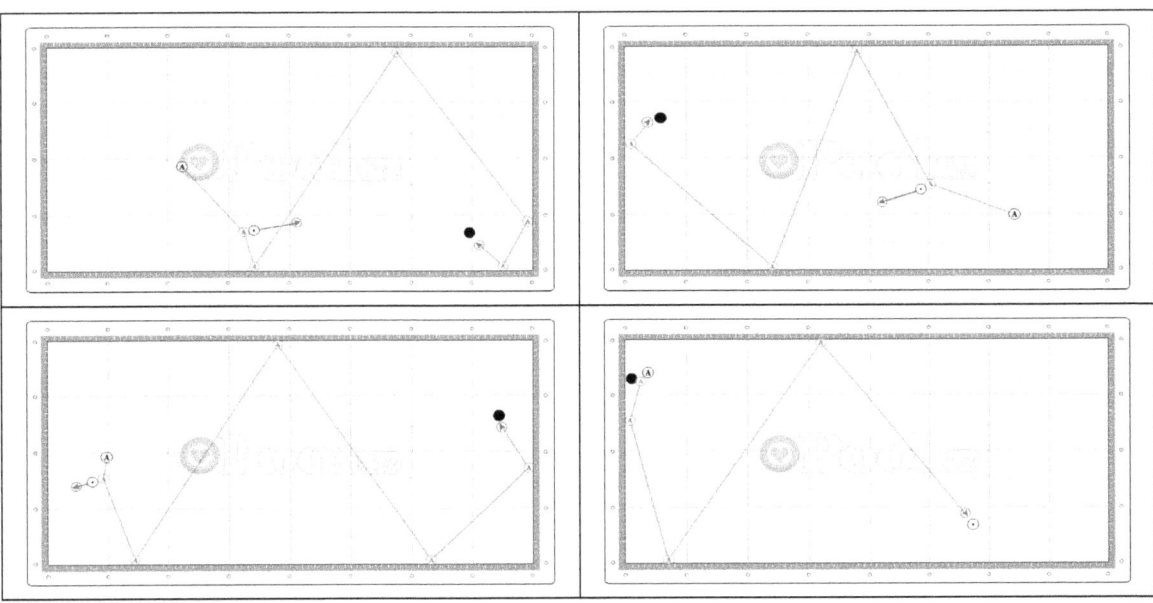

Analyse:

D:3a. _____

D:3b. _____

D:3c. _____

D:3d. _____

D:3a – Setup

Noter og ideer:

Afspilning mønster

D:3b – Setup

Noter og ideer:

Afspilning mønster

D:3c – Setup

Noter og ideer:

Afspilning mønster

D:3d – Setup

Noter og ideer:

Afspilning mønster

E: Fuld bord zig-zag

(CB) en kontakter begge lange bander, da den rejser hele bordets længde.

(A) (CB) (din billardkugle) – ⊙ (OB) (modstander billardkugle) – ● (OB) (rød billardkugle)

E: Gruppe 1

Analyse:

E:1a. _____

E:1b. _____

E:1c. _____

E:1d. _____

E:1a – Setup

Noter og ideer:

Afspilning mønster

E:1b – Setup

Noter og ideer:

Afspilning mønster

E:1c – Setup

Noter og ideer:

Afspilning mønster

E:1d – Setup

Noter og ideer:

Afspilning mønster

E: Gruppe 2

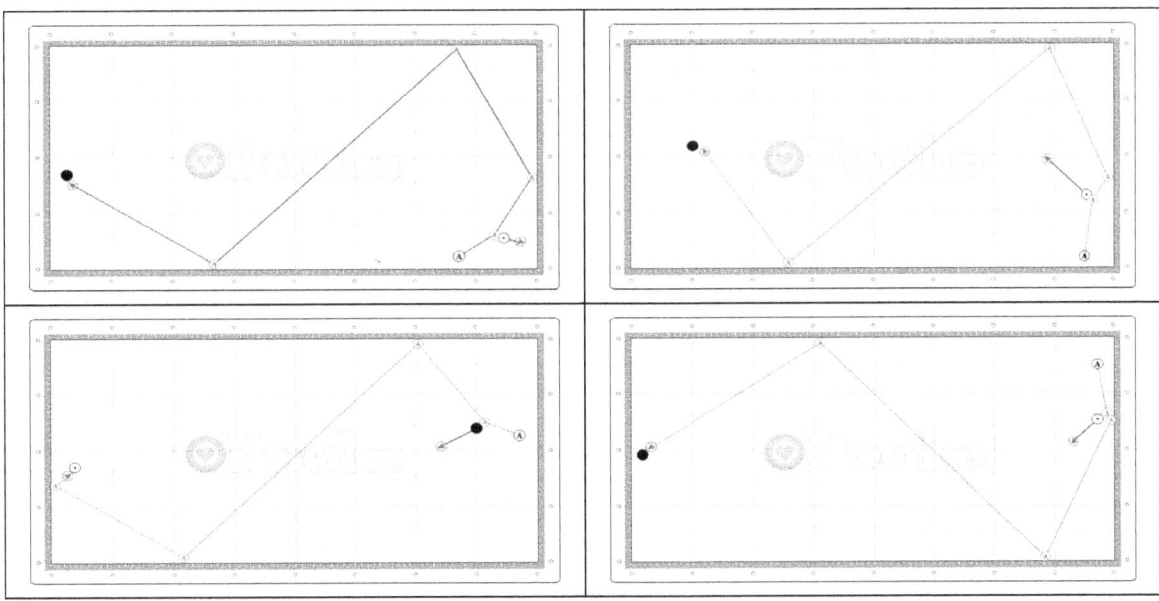

Analyse:

E:2a. _____

E:2b. _____

E:2c. _____

E:2d. _____

E:2a – Setup

Noter og ideer:

Afspilning mønster

E:2b – Setup

Noter og ideer:

Afspilning mønster

E:2c – Setup

Noter og ideer:

Afspilning mønster

E:2d – Setup

Noter og ideer:

Afspilning mønster

3-bande carambole: Zig-zag mønstre

F: Lang bord zig-zag

(CB) zig-zag mønster bevæger sig op og ned langs det lange bord.

Ⓐ (CB) (din billardkugle) – ⊙ (OB) (modstander billardkugle) – ● (OB) (rød billardkugle)

F: Gruppe 1

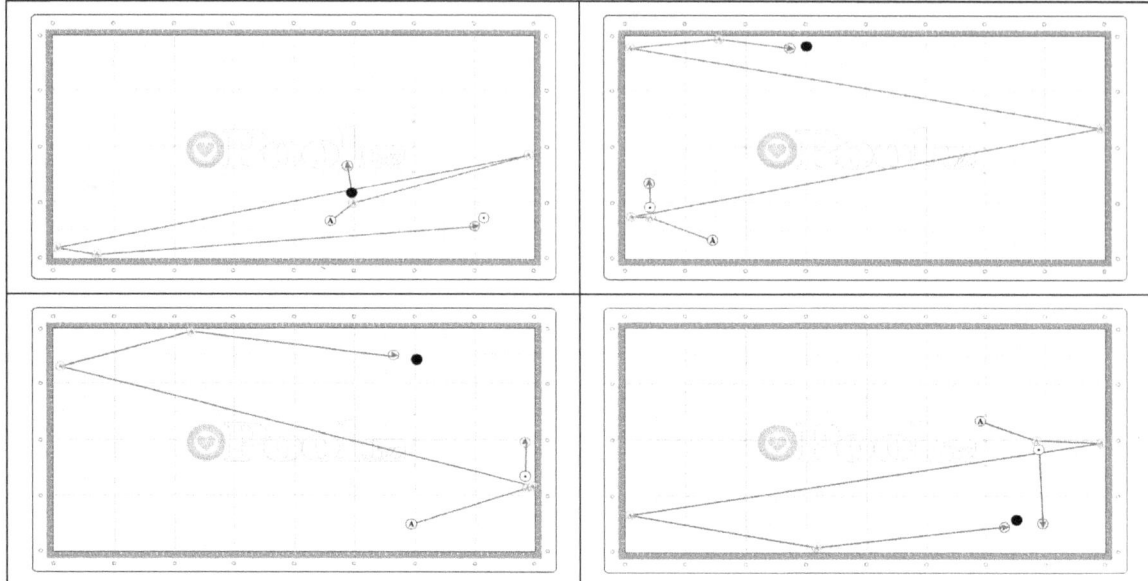

Analyse:

F:1a. _____

F:1b. _____

F:1c. _____

F:1d. _____

F:1a – Setup

Noter og ideer:

Afspilning mønster

F:1b – Setup

Noter og ideer:

Afspilning mønster

F:1c – Setup

Noter og ideer:

Afspilning mønster

F:1d – Setup

Noter og ideer:

Afspilning mønster

F: Gruppe 2

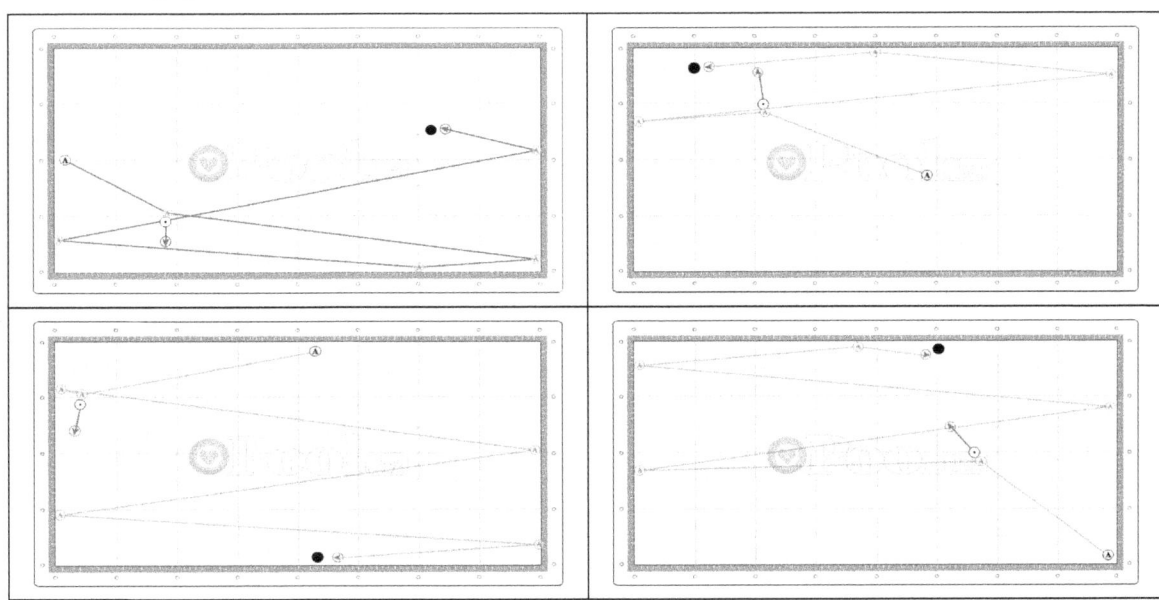

Analyse:

F:2a. _____

F:2b. _____

F:2c. _____

F:2d. _____

F:2a – Setup

Noter og ideer:

Afspilning mønster

F:2b – Setup

Noter og ideer:

Afspilning mønster

F:2c – Setup

Noter og ideer:

Afspilning mønster

F:2d – Setup

Noter og ideer:

Afspilning mønster

F: Gruppe 3

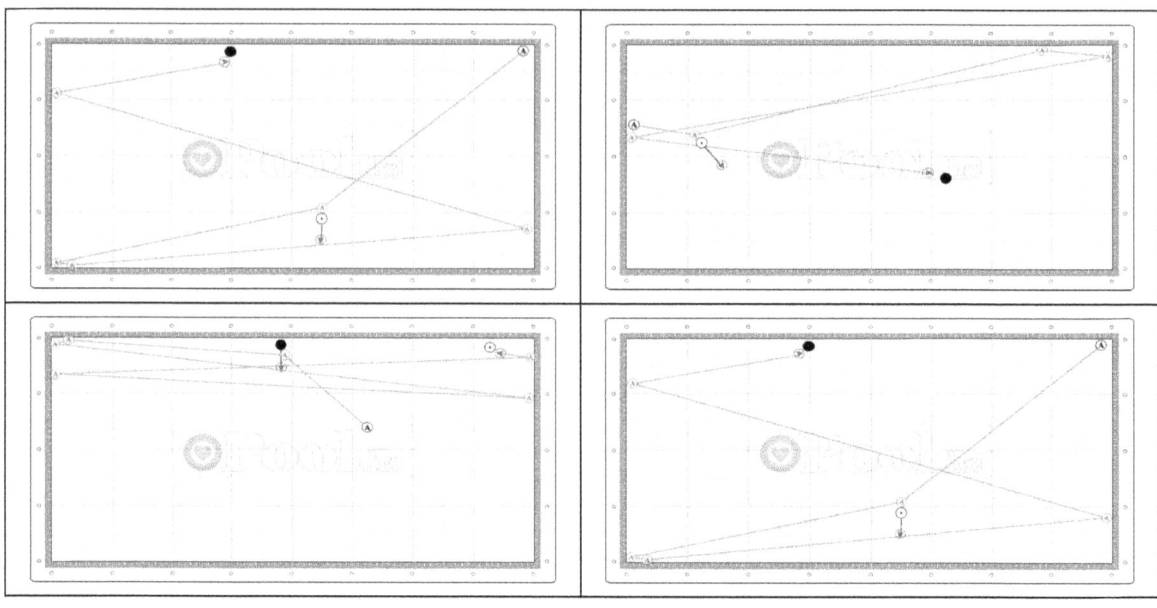

Analyse:

F:3a. _____

F:3b. _____

F:3c. _____

F:3d. _____

F:3a – Setup

Noter og ideer:

Afspilning mønster

F:3b – Setup

Noter og ideer:

Afspilning mønster

F:3c – Setup

Noter og ideer:

Afspilning mønster

F:3d – Setup

Noter og ideer:

Afspilning mønster

F: Gruppe 4

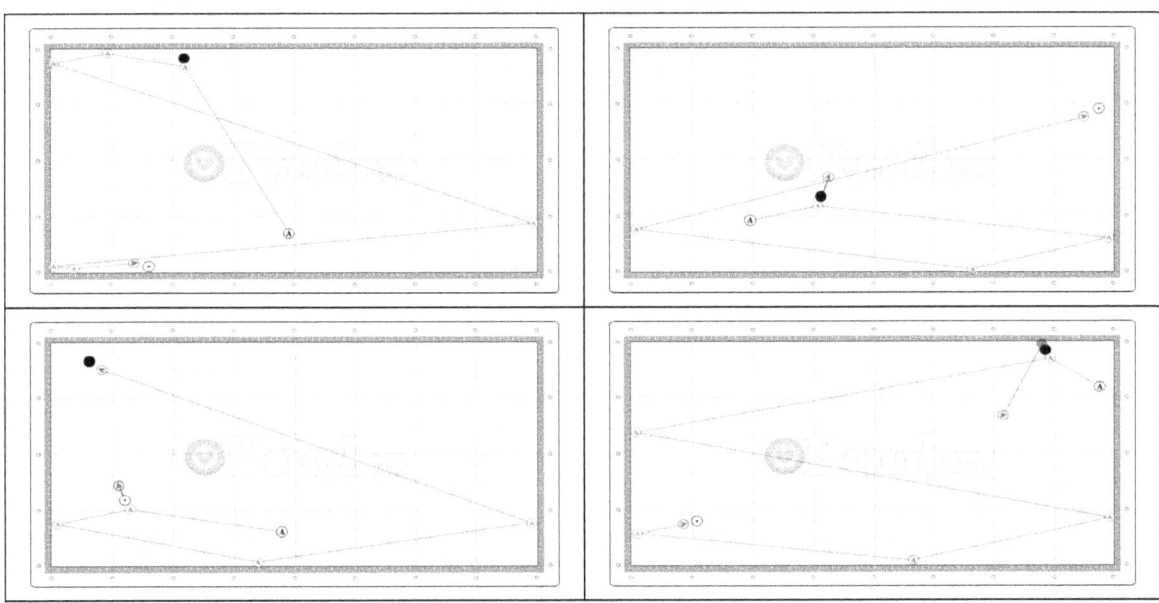

Analyse:

F:4a. _____

F:4b. _____

F:4c. _____

F:4d. _____

F:4a – Setup

Noter og ideer:

Afspilning mønster

F:4b – Setup

Noter og ideer:

Afspilning mønster

F:4c – Setup

Noter og ideer:

Afspilning mønster

F:4d – Setup

Noter og ideer:

Afspilning mønster

F: Gruppe 5

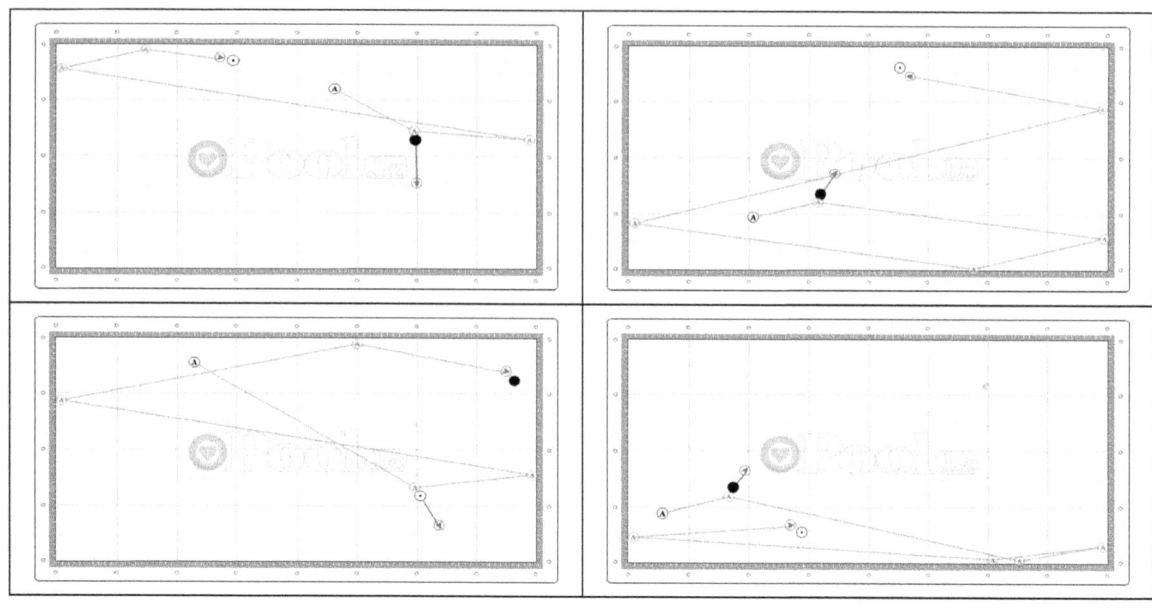

Analyse:

F:5a. _____

F:5b. _____

F:5c. _____

F:5d. _____

F:5a – Setup

Noter og ideer:

Afspilning mønster

F:5b – Setup

Noter og ideer:

Afspilning mønster

F:5c – Setup

Noter og ideer:

Afspilning mønster

F:5d – Setup

Noter og ideer:

Afspilning mønster

www.ingramcontent.com/pod-product-compliance
Lightning Source LLC
Chambersburg PA
CBHW081255170426
43198CB00017B/2801